AF359633

# REMARQVES
## SVR LES
## IPHIGENIES
## DE M. RACINE
## ET
## DE M. CORAS.

M. DC. LXXV.

BIBL.

# REMARQVES
## sur l'Iphigenie de Monsieur Racine.

MONSIEVR,

l'ay lû l'Iphigenie de Monsieur Racine, que vous m'avez fait la grace de
m'envoyer ; ou pour mieux dire, je
l'ay devorée. Le bruit extraordinaire
que cette piece a fait dans le monde,
m'avoit rempli d'impatience, & je
m'estois preparé à la recevoir par la
lecture de celle d'Euripide, que Monsieur Racine avouë qu'il a imitée, & à
laquelle il confesse qu'il est redevable
des plus grandes beautez de la sienne.
Quoy que nostre maniere d'accommo-
der les sujets au Theatre soit fort differente de celle des Anciens ; neant-
moins tous les sentimens que la nature

inspire, & qui partent du cœur de l'homme, estoient de leur goust, comme ils sont du nostre. Ce sont les plus riches ornemens de ces ouvrages, parce qu'ils sont les plus naturels. Monsieur Racine s'est servi des sentimens d'Euripide, parce qu'il ne pouvoit pas se dispenser de les mettre en œuvre; Mais on peut dire à l'avantage de nôtre langue, que si Monsieur Racine n'en à surpassé les delicatesses, il les a esgallées; & qu'il n'y a rien de plus pur ny de plus proprement écrit que son Iphigenie. I'en ay trouvé les vers admirables, & pleins d'expressions justes & riantes ; & j'y ay remarqué des traits d'un prix infiny, & des sentimens maniez avec une delicatesse qu'on ne peut assez loüer. Ce que je vous écris du merite de cette Tragedie vous fait croire que j'entreprens son Panegyrique. Vous craignez déja que je ne vous fatigue par une repetition de tout le bien qu'on en dit. Non ; c'est une justice que je rens à son Autheur, & qui doit vous persuader que j'en parleray toûjours sans passion & sans interest. I'ay pour luy

5

toute l'estime qu'on doit avoir pour
une des plus delicates plûmes de nôtre siecle, & ie publiray toûjours que
personne n'a mieux écrit dans nostre
langue que luy. Les Remarques que ie
vous envoye ne sont pas des effets
d'une critique jalouse & envieuse ; les
beautez de son Iphigenie me sont trop
cheres, & ie voudrois pluftost en re-
hausser l'éclat, que de le diminuer.
Ce sont seulement de nouvelles graces
que ie souhaiterois dans cet ouvrage
pour l'élever à la derniere perfection.

Tout le monde demeure d'accord
que pour rendre une action digne du
Theatre, il faut la rendre vray-semblable ; qu'il ne suffit pas qu'elle soit
pleine de verité, qu'il faut que la vray-
semblance y regne par tout ; & qu'un
Autheur ne fait pas tout ce qu'il doit,
quand il nous peint les évenemens tels
qu'ils sont arrivez, mais qu'il est obligé indispensablement de les faire voir
de la maniere qu'ils ont deû estre.
C'est de ce grand principe que toutes
les maximes de cet art ont esté tirées.
Les ouvrages formez sur ce modele
ont l'approbation de tous les siecles,

& ceux qui s'en escartent peuvent esbloüir les yeux ; mais ils ne satisfont pas la raison : semblables à ces édifices qu'un Architecte imprudent esleve sur un terrain mal asseuré, & qui sont menacez à toute heure d'une ruine inévitable. Le Theatre souffre les sujets que la Fable fournit, lors qu'ils sont rendus vray-semblables. La Medée d'Euripide en est tirée, & elle charme, parce que la vray-semblance y est fidellement gardée. Elle donne la mort aux enfans qu'elle avoit eus de Iason. Cette action est cruelle ; mais elle procede d'une cause qui persuade. C'est une ialouse en fureur qui pour se vanger de ce perfide, fait devorer par les flammes celle qu'il alloit espouser. Elle égorge des enfans qui luy sont chers, & elle gouste apres sa vangeance le plaisir d'eschaper à son ressentiment dans un Char que ses enchantemens luy fournissent. La resolution qu'Agamemnon prend de sacrifier Iphigenie n'a pas un fondement solide, comme l'action de Medee. Agamemnon marque par tout une extreme tendresse pour cette jeune Princesse, qui est peinte auec tout le merite capable d'attacher uniquement ſes affections. Quels motifs aſſez preſſans pour inſpirer à ce pere le deſſein barbare d'immoler une fille qui luy eſt ſi chere? Quelles machines aſſez violentes pour luy arracher ce conſentement ? La nature nous porte à conſerver la vie de nos enfans aux deſpens de la noſtre. Le ſoin de les eſlever & de les deffendre eſt l'eternelle occupation de tous les hommes. C'eſt une obligation que le ſang & les loix nous impoſent avec un empire ſi abſolu, que leur ingratitude ne peut meſmes nous en diſpenſer, & les peres qui ne ſe ſacrifient pas pour le bien de leur famille, ſont condamnez de tout le monde. Cependant Agamemnon paſſe ſur ces obligations; il foule aux pieds tous les devoirs du ſang. Il n'eſcoute point ſa propre tendreſſe pour faire perir une fille qu'il idolaſtre, & qui a pour luy des ſentimens d'obeïſſance & de reſpect, capables de penetrer le cœur le plus inhumain. Ce n'eſt pas l'amour de la patrie qui luy fait prendre cette reſolution. La Grece n'eſtoit expoſée à aucun peril,

& tant de forces que la seule vengeance
de Menelas avoit assemblées dans Aulide, estoient suffisantes pour la deffendre contre les plus puissans ennemis.
Mais quand le sang d'Iphigenie auroit
pû sauver la Grece de sa ruine absoluë,
à peine seroit-il supportable qu'Agamemnon consentist à donner sa fille
pour tous les Grecs. Ie sçais que tous
les iours ceux qui ayment leurs enfans
le plus tendrement, les exposent pour
la conservation de l'Estat : mais ils ne
croyent pas leur perte inévitable ; ils
sont flâtez de l'esperance de leur retour,
& l'amour qu'ils ont pour eux leur met
seulement devant les yeux tant de
braves qui se sont tirez d'une infinité
d'occasions tres-dangereuses. Le salut
de l'Estat, la fortune de leurs enfans y
est attachée ; & cependant s'ils sça-
voient qu'ils deussent y perir, il n'est
pas vray-semblable qu'ils les y expo-
sassent. Ces peres ne veulent point la
mort de leurs enfans ; ils ne leur appre-
stent pas un Autel, des cousteaux, un
Sacrificateur, un bucher, comme
Agamemnon fait à sa fille. Est-il pos-
sible que tant de peres ayent veu la
repre-

reprefentation de cette piece fans fe re-
crier fur la violence qu'elle fait à la nature & à la vray-femblance ! Rome vit
autrefois avec horreur le premier de fes
Confuls faire punir fes deux fils ; quoy
qu'ils fuffent criminels, & qu'ils fuffent
attenté à la liberté naffante ; & l'on
voit avec plaifir un pere cruel qui va
facrifier une fille innocente , & qu'il
ayme extremement. Mais ce n'eft pas
pour la Patrie qu'Agamemnon veut
immoler Iphigenie ; la Religion & la
gloire font les couleurs que Monfieur
Racine donne à cette rofolution terrible.

Le motif de la Religion n'eft pas
affez eftabli dans cette piece , pour
porter Agamemnon à cette extremité.
Il n'en faut point chercher d'autre
preuve que le recit qu'il fait à Arcas
de ce qui fe paffa au moment que Calchas eut prononcé l'Oracle.

*Ie condamnay les Dieux, & fans*
   *plus rien ouyr.*
*Fis vœu fur leurs Autels, de leur*
   *defobeyr.*

Ce veu paroiſt aſſez impie , & il tend un peu à l'Atheiſme. C'eſt du moins un manquement de reſpect, qui meriteſoit bien que Diane changeaſt de victime , & qu'elle priſt le pere inſolent au lieu de la fille innocente. Vous imaginez vous que le repentir de cet emportement ait reduit Agamemnon à obeïr au commandement de l'Oracle ? nullement. C'eſt l'eloquence d Vlyſſe , qui ſçachant bien qu'il n'en feroit rien pour ſes Dieux, s'aviſa de le piquer d honneur;

*Il me repreſenta l'honneur & la*
 *Patrie ,*
*Tous ce peuple , ces Roys à mes*
 *Ordres ſoûmis ,*
*Et l'Empire d Aſie à la Greçe pro-*
 *mis.*
*De quel front immolant tout l'Eſtat*
 *à ma fille ,*
*Roy ſans gloire , i'yrois vieillir dans*
 *ma famille.*

Il accorda à l'eſperance de cette gloire le ſacrifice de ſa fille, qu'il avoit ſi ſolemnellement refuſé à Diane , &

comme il avoit esté bon pere jusqu'à l'excez, quand il estoit question d'obeïr aux Ordres des Dieux, il devient le plus cruel de tous les hommes pour suivre son ambition. Il n'escouta plus la voix des Dieux qu'en songe; il ne les craignit qu'en dormant. Voicy ses paroles.

> *Les Dieux toutes les nuits*
> *Des qu'un leger sommeil suspendoit*
> *    mes ennuys,*
> *Vengeant de leurs Autels le sanglant*
> *    privilege,*
> *Me venoient reprocher ma pitié*
> *    sacrilege;*
> *Et presentant la foudre à mon es-*
> *    prit confus,*
> *Le bras déia leué menaçoient mes*
> *    refus.*

Tous les Dieux viennent en corps presenter la foudre à l'esprit confus d'Agamemnon. Il marque dans la mesme Scene, qu'il ne craint pas les Dieux pour eux-mesmes; mais parce que Calchas se serviroit de leur nom pour achever ce sacrifice.

*Calchas qui l'attend en ces lieux,*
*Fera taire nos pleurs, fera parler*
*les Dieux.*

Ie penſois que le Dieux fiſſent parler ce Devin, ou qu'ils parlaſſent par
luy. Mais Agamemnon nous apprend
le contraire. Il devoit ſe ſervir des lu-
mieres qu'il avoit ſur cela, & ſe défier
de Calchas qui pouvoit abuſer de leurs
inſpirations. Il ajouſte.

*Et la Religion contre nous irritée*
*Par les timides Grecs, ſera ſeule*
*eſcoutée.*

C'eſt à dire qu'il eſtoit guery des
imaginations populaires, & que ſi le
reſte de l'Armée euſt eſté de ſon ſenti-
ment, elle en auroit eu peu d'appre-
henſion. Il cite ſouvent l'Ordre des
Dieux en parlant à ſa femme, àſa fille,
& à Achille, pour iuſtifier ſa conduite;
mais ce ne ſont que des couleurs.

A regarder la choſe de plus preſt, ce
n'eſtoit point une action de Religion
chez les Grecs, que de ſacrifier les hommes. Cette Nation polie laiſſoit aux
Scithes

Scithes ou aux autres Barbares cette coustume inhumaine, & elle n'avoit garde de tomber dans cette erreur grossiere, que de croire que les Dieux prissent plaisir à voir arroser leurs Autels du sang de ceux qui les adoroient. Diane demandoit donc vne chose inusitée; & ce qui est admirable, elle la demandoit sans aucun sujet. Car on dit dans toute la piece que les Dieux sont irritez, qu'il faut que le sang d'Iphigenie les appaise & qu'il n'y a que ce moyen pour obtenir des vents favorables; mais on ne dit point quel est le sujet de la colere des Dieux & par quelle raison ils demandent aux Grecs une satisfaction si extraordinaire. Quelle apparence que ces Dieux exigent une reparation si grande, sans qu'il ait esté commis aucun crime qui attire leur courroux? Quelle apparence qu'un grand Roy comme Agamemnon, quelque Religieux qu'il puisse estre, se détermine à leur immoler une victime de cette consequence, pour appaiser leur indignation que personne n'a meritée? Ce sacrifice barbare estoit plus propre à irriter les Dieux, qu'à les

C

appaifer. Il faut rendre une raifon de leur reffentiment, ou demeurer d'accord que ces Dieux demandoient la mort de cette Princeffe, par un pur caprice & par une injuftice manifefte; & qu'Agamemnon fe refoluoit à leur obeïr par une fuperftition impertinente. Pour appuyer cette remarque fur quelque exemple qui l'autorife. Vous voulez bien, Monfieur, que ie vous cite l'Andromede de Monfieur Corneille, dont le fujet a beaucoup de rapport avec celuy d'Iphigenie. Il s'agit dans la premiere d'expofer à un monftre terrible la fille d'un grand Roy, comme il eft queftion dans celle-cy d'en facrifier une autre. Ce monftre eftoit un effet de la colere de Neptune indigné de l'infulte que la Reyne Caffiope avoit faite aux Nereides, en preferant à leur beauté celle de fa fille Andromede. La vengeance de ce Dieu donne le branfle à toutes les paffions qui rempliffent ce bel ouvrage. La douleur d'un Pere malheureux, les deplaifirs d'une mere indifcrette qui va perdre une fille qu'elle aime tendrement, le malheur de la belle Andromede, & le defefpoir de fes

Amans en sont les suites brillantes. Le
peril est tres-évident. Cinq filles d'une
beauté parfaite ont déja esté devorées
par le monstre ; & quand le sort tombe
apres elles sur Andromede , on ne
doute point de sa perte , & l'on entre
en de tres - grands sentimens de pitié
pour cette ieune Princesse. Le Dieu
veut qu'elle perisse , ses parens ne peuvent l'empescher : mais ils ne deviennent pas ses bourreaux , comme Agamemnon l'est de sa fille. Ils ne la con-
duisent pas au bord de la Mer , ils ne
l'attachent pas au Rocher où elle doit
estre devorée : Ce sont des vents qui
deviennent les Ministres de la fureur
de Neptune ; & c'est un coup de Maistre de Monsieur Corneille. Tout frape
dans cet ouvrage , parce que tout y est
fondé. On craint la colere de Neptune,
parce que l'on en connoist la cause,
& qu'on en a ressenty les effets : mais
dans Iphigenie Diane demande le sang
de cette Princesse , & l'on ne sçait
pourquoy. Agamemnon n'est point
coupable. Diane n'accuse personne &
n'agit que par caprice. Quand il ne seroit pas d'une necessité indispensable

au Theatre de fonder la principale
action , le bon fens feul y conduiroit
un Autheur ; & il eft difficile de comprendre par quelle raifon Monfieur Racine a obmis une chofe par laquelle il
devoit commencer. Dictis de Crete,
cet ancien Autheur qui a écrit l'Hiftoire du Siege de Troye & qui en a parlé
comme témoin, la colore bien mieux.
Agamemnon avoit tué une biche con-
facrée à Diane ; la pefte deftruifoit
l'Armée des Grecs ; Diane vouloit que
la reparation de l'injure fuft faite par la
fille du Profanateur: Agamemnon pouvoit donner fa fille , & pour expier fa
faute , & pour fauver l'Armée ; le peril
eftoit preffant ; le facrifice devenoit
neceffaire en quelque façon: mais dans
la Tragedie de Monfieur Racine il ne
s'agit que d'obtenir du vent , qui
n'eftoit pas plus pour Agamemnon que
pour Menelas, Vlyffe, & tous les autres Grecs. Et depuis quand Diane fe
mefle-t'elle de l'employ d'Eole ? pouvoit dire Agamemnon. Depuis quand
a-t'elle l'Empire de la Mer ? Qu'à fait
ma fille ? Quel crime ay-je commis ?
La colere de Diane devoit regarder Aga-

memnon en son particulier , comme celle de Neptune regardoit Cassiope. Ie ne croy pas qu'il y ait de réponce à cela. L'Oracle que prononce Calchas dans la piece de Monsieur Racine, n'est pas si bien pretexté que celuy de Lajus dans l'Oedipe de Monsieur Corneille.

*Vn grand crime impuni cause vostre*
   *misere ;*
*Par le sang de ma race il doit estre*
   *effacé ;*
*Mais à moins qu'il ne soit versé,*
*Le Ciel ne se peut satisfaire ;*
*Et la fin de vos maux ne se fera point*
   *voir ,*
     *Que mon sang n'ait fait son de-*
   *voir.*

Celuy d'Ammon dans Andromede est de mesme.

*Pour appaiser Neptune , exposez*
   *tous les mois*
*Au monstre qui le vange une fille*
   *à son choix ,*
*Iusqu'à ce que le calme à l'orage*
   *succede ;*

B iij

*Le sort vous monstrera*
*Celle qu'il agréera :*
*Differez cependant les nopces d'An.*
*dromede.*

Voicy celuy de Calchas dans l'Iphigenie de Monsieur Racine, où il ne
manque qu'une raison.

*Vous armez contre Troye vne puis-*
*sance vaine,*
*Si dans un sacrifice auguste &*
*solemnel,*
*Vne fille du sang d'Helene,*
*De Diane en ces lieux n'ensan-*
*glante l'Autel,*
*Pour obtenir les vents que le Ciel*
*vous dénie,*
*Sacrifiez Iphigenie.*

Le Theatre n'est pas sans exemples
d'une ambition dereglée, qui porte des
parens à tremper leurs mains dans le
sang de leurs enfans. La Rodogune de
Monsieur Corneille en fournit un si-
gnalé. On y voit une femme qui par
un desir immoderé de regner, a répan-
du le sang de son Espoux. Elle poignar-

de un de ſes fils, & elle attente à la vie
de l'autre; mais cet Eſpoux & ces fils
avoient droiȼt au gouvernement qu'elle occupoit, & qu'ils alloient luy ra-
vir; elle les regardoit encore comme
les Amans de Rodogune ſon ennemie
irreconciliable; & comme elle crai-
gnoit tout, elle oſoit tout pour s'en
deffendre. Felix dans le Polieuȼte du
meſme Autheur, oſte la vie à ſon gen-
dre, dans la crainte qu'il a qu'on ne
luy faſſe des affaires aupres de l'Empe-
reur, pour avoir ſauvé un Chreſtien.
Il craint le credit de Severe, à qui il
avoit refuſé ſa fille. Il craint de perdre
ſa dignité; & ſon ambition ſe couvre
du pretexte des loix qu'il a pour ga-
rands de ſon aȼtion. Quand un homme
tourmenté d'un deſir violent de regner,
voit qu'il y va de la perte de toutes ſes
grandeurs, l'amour qu'il a pour le
troſne le dépoüille de celuy qu'il doit
à ſes enfans, & il les peut ſacrifier à
cette paſſion qui eſteint en luy toutes
les autres: Mais pour en venir à cette
extremité, ce n'eſt pas aſſez qu'il ſoit
ambitieux; il faut encore qu'il ſoit un
ſcelerat, & que les derniers crimes ne

luy couſtent rien. Tandis qu'il fera des reflexions commeAgamemnon, tantoſt ſur l'inhumanité de cette action, tantoſt ſur la tendreſſe qu'il a pour ſa fille & ſur ſes vertus ; ſur ſon merite & ſur ſa ſoûmiſſion ; tandis que la nature parlera, elle ſe fera écouter au prejudice de l'ambition. Agamemnon ſe contentera de la couronne d'Argos & de Micene, & il renoncera à la conqueſte de Troye, qui luy couſteroit Iphigenie. Il n'eſt pas peint aſſez ambitieux, ny d'une ame aſſez noire pour vouloir achepter cette gloire aux deſpens de la vie de ſa fille ; & c'eſt ce qui fait que le deſſein qu'il forme n'eſt pas vray ſemblable. Dictis de Crete fait bien mieux ſouſtenir par Agamemnon le veritable caractere d'un pere penetré des ſentimens naturels. Voicy ce qu'il en dit. Les Troupes des Grecs arrivant dans l'Aulide, Agamemnon tua une biche conſacrée à Diane, & cette Deeſſe vengea cette iniure, par la mort d'une infinité de Grecs qu'un mal contagieux emporta. Toute l'Armée qui en craignit une ruïne generale, apprit par quelque femme inſpirée des Dieux,

que

que la colere de Diane ne pourroit
s'appaiſer que par la mort de la fille
aiſnée d'Agamemnon, qui eſtoit le
coupable. Les Grecs n'oublierent rien
pour engager Agamemnon à donner ſa
fille, & pour luy faire comprendre qu'il
y eſtoit doublement obligé, & par
l'amour de la patrie qui luy avoit defe-
ré le commandement, & parce qu'il
devoit arreſter le cours d'un mal dont
il eſtoit la cauſe. Mais leurs inſtances
furent inutiles auſſi bien que leurs me-
naces. Il ayma mieux ſe laiſſer dépoüiller de ſa dignité, que de donner les
mains au ſacrifice d'Iphigenie : Cependant la colere de Diane cauſant tous les
iours de nouvelles pertes aux Grecs, le
prudent Vliſſe s'aviſa d'un ſtratageſme
pour en arreſter le cours. Il promit à
toute l'Armée un remede ineſperé. Il
publia qu'il partoit pour retourner à
Ithaque ; mais il prit le chemin de
Micene où il preſenta à Clytemneſtre
des Lettres ſuppoſées d'Agamemnon,
qui marquoient qu'il avoit arreſté le
mariage d'Iphigenie avec Achille, &
qu'il devoit ſe celebrer avant que l'armée fiſt voile en Aſie. Vliſſe ſe ſervit de

D

son éloquence avec tant de succés, qu'il persuada Clytemneftre , & qu'elle luy côfia fa fille qu'il emmena dãs le Camp. On fe prepara au facrifice dont Agamemnon ne pût fouftenir le fpectacle, & enfin la Deeffe fe contenta du fang d'une biche qui prit la place d'Iphigenie. Voila une Hiftoire bien differente du Roman de Monfieur Racine , & dans laquelle la nature fait bien fon devoir. Dictis nous peint Agamemnon coupable, qui refufe de fatisfaire Diane aux defpens de la vie de fa fille, & qui fe laiffe dépoüiller du commandement. Monfieur Racine nous fait voir Agamemnon, lequel fans que les Dieux aient efté offenfez, fe determine à leur facrifier fa fille, & qui la veut immoler à fa feule ambition. Dictis fe fert de l'artifice d'Vliffe pour conduire Iphigenie dans le Camp : Il efloigne Agamemnon de l'Autel qui doit fervir à ce facrifice fi cruel pour luy ; Et Monfieur Racine fait qu'Agamemnon invente luy-mefme un artifice pour attirer Iphigenie dans l'Aulide, & qu'il s'applique dans toute la piece à mettre fa fille dans les mains du Sacrificateur.

Ie vous laisse à juger apres celà , Mr, si
la resolution d'Agamemnon a quelque
chose de vray-semblable , & si l'on
peut s'imaginer qu'un pere en vienne
à cet excez par l'esperance d'une gloire
tres-incertaine. Car enfin la conqueste
de Troye n'estoit pas le prix du sang
de cette Princesse innocente. On
achetoit seulement par sa mort la liberté de la mer , & un peu de vent
favorable pour faire voile en Asie.
Agamemnon pouvoit perdre le fruit
de la mort de sa fille. Il alloit attaquer
un grand Empire soustenu de toutes les
forces de l'Asie, & qui estoit deffendu
par Hector. La presence d'Achille , les
Flesches d'Hercule estoient absolu-
ment necessaires pour cette conqueste:
& Troye qui avoit aussi des fatalitez
en sa faveur, pouvoit estre sauvée par
les seuls chevaux de Rhesus , s'ils eussent gousté de ses herbes , & s'ils eussent
beu de l'eau du Xante. Mais ce que
i'admire dans la constitution de cette
piece, & ce qui rend le dessein d'Agamemnon  tres-peu  vray-semblable ;
Monsieur Racine feint qu'Achille est
esperdûment épris d'Iphigenie. Il fait

dire par Agamemnon mesme que la conqueste de Troye dépend de la presence d'Achille.

> *On sçait qu'à vostre teste,*
> *Les Dieux ont d'Ilion attaché la*
> *conqueste.*

Et cependant Agamemnon se resout à sacrifier Iphigenie, qu'Achille aime. Esperoit-il qu'apres la mort de cette Princesse Achille ne laisseroit pas de le suivre devant Troye ? Non sans doute, il seroit mort de douleur, où il auroit repris le chemin de Thessalie, plustost que de s'attacher à un Barbare qui l'auroit privé de sa maistresse. Agamemnon n'avoit qu'à faire cette reflexion pour connoistre que le sacrifice de sa fille luy seroit infructueux. Il n'est pas iustifié par le repentir qu'il marque lors qu'il charge Arcas d'un billet pour Clytemnestre, puisque dans la suite de l'action il occupe tous ses soins à separer sa fille d'avec sa femme, dans le dessein de l'immoler.

Vous me demanderez, Monsieur, si ie pretens faire le procez à Euripide qui

qui ne rend aucune raiſon de la colere des Dieux, non plus que Monſieur Racine. Ie n'entreprens pas l'Apologie de cet ancien Autheur, & ie ne veux point m'engager à prouver que les anciens n'ont point fait de fautes. Elles ſont couvertes d'une plus grande ſimplicité que celles de nos Poëtes ; mais leurs ouvrages ne ſont pas ſans taches, quoy qu'ils en ayent beaucoup moins que les noſtres. Monſieur Racine n'a pas deub ſuivre Euripide lors qu'il s'eſt eſloigné de la raiſon ; & il n'eſt pas du devoir d'un Autheur d'imiter iuſques aux deffauts. Enfin l'action d'Agamemnon n'eſt pas vray-ſemblable, il y a plus de ſeize cens ans qu'Horace a employé *L.* 2. une Satire entiere à luy faire ſon procez *Sat.* 3. ſur ce ſujet, & qu'il en a parlé comme d'un furieux.

Ie croy, Monſieur, que vous eſtes entierement perſuadé que la colere des Dieux n'ayant aucun fondement, Agamemnon n'a point deub former le deſſein de ſacrifier ſa fille pour s'acquitter envers la Religion ; & qu'il n'eſt pas vray-ſemblable auſſi que l'ardeur de ſon ambition ait pû le porter à cette barbarie : mais vous ſerez ſurpris ſans doute quand ie vous feray voir que de la maniere que Monſieur Racine a tourné ſon ſujet, il eſtoit réduit à la neceſſité malheureuſe de ne pouvoir donner aucune raiſon de la colere des Dieux.

Quoy que dans cette Tragedie la fille d'Agamemnon ſoit perpetuellement regardée comme la victime demandée par l'Oracle, Monſieur Racine fait ſacrifier au lieu d'elle une fille de Theſée & d'Helene. Si Monſieur Racine avoit feint qu'Agamemnon euſt commis quelque action qui meritaſt la colere des Dieux & qui l'euſt attirée ſur ſa fille, il n'auroit pas eſté iuſte de faire ſacrifier cette fille d'Helene ; ou bien il euſt fallu ſuppoſer que les Dieux euſſent demandé vne victime toute innocente pour eſpargner la famille du coupable. Et ſi de l'autre coſté Monſieur Racine avoit donné pour raiſon de la colere des Dieux quelque crime commis par Theſée ou par Helene, ces meſmes Dieux n'auroient pû demander legitimement que le ſang de la fille d'Agamemnon l'expiaſt. Ainſi Monſieur Racine eſtoit neceſſité de ne rendre aucune raison de l'indignation de Diane, pour se conserver la liberté de faire tomber à son gré le choix de cette Deesse sur l'une ou l'autre de ces victimes : mais ie ne sçay si cette necessité l'excuse suffisamment, & si l'on peut approuver que des Dieux se courroucent sans aucune raison, parce que le Poëte n'en peut donner.

Mais que direz vous, Monsieur, si je vous prouve par les propres termes de l'Oracle que prononce Calchas, qu'il ne pouvoit estre appliqué en aucune maniere à la fille d'Helene, & qu'il falloit necessairement qu'il tombast sur Iphigenie, ou sur quelque autre parente d'Helene, qui ne fust point sa fille. Voicy le vers qui fait & qui decide la question.

*Vne fille du sang d'Helene.*

C'est une question de Grammaire dans laquelle il s'agit de sçavoir, si dans la pureté de nostre langue on peut également entendre par ces termes, *Vne fille du sang d'Helene* ; Eriphile fille d'Helene & Iphigenie sa niepce ;

ou fi l'on doit feulement entendre
Iphigenie ou quelqu'autre Princeffe
qui foit de la famille & du fang d'Helene. Si l'Oracle a demandé le fang
d'Eriphile , il a parlé improprement
quand il l'a defignée par ces termes ,
*Vne fille du fang d'Helene.* On ne peut
pas dire avec pureté qu'Iphigenie eft
fille du fang de Clytemneftre ; il faut
dire,Iphigenie eft fille de Clytemneftre.
Eriphile eft fille d'Helene , & non pas
Eriphile eft fille du fang d'Helene. Cette maniere de parler , une fille du fang
d'Helene , ne marque point la fille
d'Helene , de mefme que ces paroles,
*fille d'Helene* , ne defigneroient point
Iphigenie fa niepce , laquelle cependant eft une fille de fon fang. Puifque
l'Oracle vouloit qu'on facrifiaft une
fille du fang d'Helene, c'eft à dire une
fille qui fortift du fang d'Helene, qui
fuft liée avec elle par le fang , qui luy
appartinft , qui fuft de fa famille ; il
falloit fuivre la premiere penfée d'Agamemnon , & de tous les Grecs , & ne
vouloir pour victime qu'Iphigenie
niepce d'Helene , & qui eftoit une fille
de fon fang. Quand on veut parler des

enfans de nos Roys , on ne dit poin-
les fils du sang de France ; mais l'on
dit tres-bien les fils de France. On dit
par la mesme raison les Princes du
sang de France , lors qu'on veut parler
desPrinces qui sont de la maison Royal-
le en ligne collaterale. Ie ne croy pas
qu'il soit necessaire de s'estendre davantage sur une chose dont chacun est
convaincu par l'usage. Ce n'estoit donc
point pour parler proprement le sang
d'Eriphile que l'Oracle demandoit , en
ces termes ; *Vne fille du sang d'Helene*;
& il le demandoit dautant moins qu'il
adjouste.

*Sacrifiez Iphigenie.*

On ne pouvoit entendre par là que
la fille d'Agamemnon qui estoit du sang
d'Helene , & qui s'appelloit Iphigenie.
L'Oracle qui est dans Oedipe que ie
viens de citer , s'explique mieux en ces
termes.

*Par le sang de ma race il doit estre
efface.
Que mon sang n'ait fait son devoir.*

Le sang d'Oedipe estoit celuy de la race de Laius, aussi bien que celuy de Dircé. Ils estoient tous deux le sang de Laius, puisqu'ils estoient ses enfans. L'Oracle sembloit ne demander que le sang de Dircé, dautant que l'on ne connoissoit point Oedipe pour fils de ce Roy ; Et quand on vient à le reconnoistre, on voit avec plaisir que cet Oracle qui sembloit ne menacer que Dircé, ne pouvoit estre entendu que d'Oedipe : Mais dans la piece de Monsieur Racine on ne doit pas approuver qu'Eriphile soit sacrifiée, parce qu'à prendre la veritable signification des termes de l'Oracle, il ne demandoit qu'Iphigenie. Calchas parle avec plus de justesse dans la derniere Scene, en ces termes.

*Vne autre Iphigenie, un autre sang*
*d'Helene.*

Mais si l'Oracle avoit parlé ainsi, la fille d'Agamemnon n'auroit point esté designée, mais seulement la fille d'Helene, qui est son sang pour parler proprement. Vous voyez, Monsieur, la

confequence qu'il faut tirer de cette
maniere de parler impropre , qui eft
la bafe & le fondement de toute l'intrigue & de la cataftrophe. Monfieur
Racine n'a pas tant de fujet qu'il s'ima-
gine de s'applaudir de l'invention de
l'heureux perfonnage d'Eriphile ; car
c'eft ainfi qu'il parle dans fa Preface.
Les Dieux demandent une fille du fang
d Helene , nommée Iphigenie. Cette
Princeffe eft la fille de Clitemneftre,
& on leur donne Eriphile , qui eft la
fille d'Helene. La cataftrophe de la
piece eft contre l'intention de Diane,
& le perfonnage d'Eriphile eft abfolument inutile; ou plûtoft il eft vicieux,
puis qu'il donne à la piece une fin
qu'elle ne doit point avoir.

Quoy que les Poëtes foient maiftres
du deftin des perfonnages qu'ils mettent fur la Scene ; quoy qu'ils ayent
fur eux un pouvoir abfolu de vie & de
mort , ils ne peuvent pas toutefois
changer abfolument les évenemens
tres connus; & lors qu'une avanture
eft generalement receuë , ils n'y doivent toucher qu'avec de tres-grandes
precautions. Ils peuvent retrancher

des circonſtances qui l'accompagnent,
Ils ont la liberté d'y en ajoûter d'autres qui aydent à la vray-ſemblance,
& qui ſoient des diſpoſitions à l'action
principale de leurs ouvrages : mais on
a droit de les condamner quand ils
renverſent ce qui eſt eſtabli dans l'eſprit de tous les hommes. Monſieur
Racine a trouvé des autoritez pour
iuſtifier qu'il y a eu deux Iphigenies,
l'une fille d'Agamemnon & de Clitem-
neſtre ; l'autre fille de Theſée & d'Helene, & que cette derniere fut ſacri-
fièe par les Grecs ; Mais de quelques
autoritez qu'il appuye ce changement,
c'eſt toûjours pour tout le monde
une nouveauté qui combat une
hiſtoire trop generalement receuë,
pour s'y rendre facilement. Euripide
qu'il a ſuivi, conduit la fille d'Agamemnon à l'Autel. Dictis, Ovide,
& pluſieurs autres, ne la font pas
égorger comme Lucrece ; mais ils ne
mettent pas en ſa place une autre
Iphigenie fille de Theſée & d'Helene.
C'eſt une biche, dont le ſang appaiſe
la Deeſſe irritée, & ouvre la mer aux
Grecs. Vous m'avez eſcrit, Monſieur,

que

que ce changement a surpris extremement,& qu'on n'a pû le gouster. C'est
peut estre une des principales raisons
qui a fait condamner par tout le monde
la catastrophe de cette piece. Monsieur
Racine dit dans sa Preface , qu'il n'a
pû se resoudre à dénoüer sa piece par
le secours de Diane & d'une machine
peu vray-semblable. C'est une raison
pour ne recourir pas à une machine;
mais ce n'en est pas une pour autoriser
un changement si prompt, & qui n'a
aucune preparation. Monsieur Racine
dit aussi qu'il n'y avoit nulle apparence de soüiller la Scene par le meurtre
d'une personne aussi vertueuse & aussi
aimable qu'il represente Iphigenie.
l'avoüe que le meurtre d'Iphigenie
seroit quelque chose d'horrible ; mais
je ne crois pas que le dessein qu'Agamemnon en avoit formé & toutes les
démarches pour y parvenir, doivent
faire moins d'horreur.

Monsieur Racine feint que Thesée
ayant enlevé Helene & l'ayant espou-
sée clandestinement, il en eût une fille
dont la naissance fut cachée avec tant
de succez, que cette Princesse ne fut

F

connuë que de Calchas, & du pere de
Doris qui eſt ſa confidente. Le pere
de Doris fut tué dans Leſbos lors
qu'Achille y deſcendit, ſans avoir iamais donné à Eriphile aucune connoiſſance de ſes parens ; mais ſeulement
qu'elle eſtoit née d'un ſang illuſtre.

*Act.2.*
*Sc. 1.*

*Le Ciel mene à Leſbos l'impitoyable*
*Achille.*
*Tout cede, tout reſſent ſes funeſtes*
*efforts.*
*Ton pere enſevely dans la foule des*
*morts,*
*Me laiſſe dans les fers à moy-meſme*
*inconnuë,*
*Et de tant de grandeurs dont i'eſtois*
*prevenuë,*
*Vile eſclave des Grecs, ie n'ay pû*
*conſerver,*
*Que la fierté d'un ſang que ie ne puis*
*prouver.*

Calchas n'avoit pas ſi bien gardé le
ſecret que le pere de Doris, & Clytemneſtre le marque en ces vers parlant
d'Helene à Agamemnon.

*Avant qu'un nœud fatal l'unit à*
    *voſtre frere,*
*Theſée avoit oſé l'enleuer à ſon pere.*
*Vous ſçavez, & Calchas mille fois*
    *vous l'a dit,*
*Qu'un Hymen clandeſtin mit ce Prin-*
    *ce en ſon lict,*
*Et qu'il en eût pour gage une ieûne*
    *Princeſſe,*
*Que ſa mere a cachée au reſte de la*
    *Grece.*

*Act. 4*<br>*Sce. 4.*

Calchas ſçavoit encore plus ; car il
n'ignoroit pas que cette fille d'Helene
avoit eſté nommée Iphigenie. Il le dit
dans la derniere Scene de la piece.

*Theſée avec Helene uny ſecretement,*
*Fit ſucceder l'hymen à ſon enleuement:*
*Vne fille en ſortit, que ſa mere a celée,*
*Du nom d'Iphigenie elle fut appellée.*
*Ie vis moy meſme alors ce fruit de leurs*
    *amours,*
*D'un ſiniſtre avenir ie menaçay ſes*
    *iours.*

Ie ne m'arreſte pas à remarquer le
peu de vray-ſemblance qu'il y a que

l'enlevement d'Helene ayant esté public, son mariage avec Thesee & la
naissance d'Eriphile ayent pû estre ense-
velis dans un si profond secret ; qu'on
l'ait eslevée dans des sentimés de Princesse, & qu'elle ait esté reconnuë en cette qualité, sans que quoy que ce soit
ait demeslé cette intrigue. Mais i'admire
que Calchas ayant prononcé l'Oracle,
qui demandoit qu'une fille du sang
d'Helene fust sacrifiée, & l'ayant designée sous le nom d'Iphigenie ; il se soit
opiniastré à demander le sang de la fille
d'Agamemnon, & qu'il ne se soit point
souvenu pendant un si long-temps
qu'Helene avoit eu une fille appellée
Iphigenie, qu'il avoit luy-mesme me-
nacé d'une mort violente. Comment
s'imaginer qu'il n'ait fait aucune reflexion que la Deesse demandoit plustost
le sang de cette fille d'Helene, que de
la fille d'Agamemnon? Voila un devin
de malheureuse memoire de ne la rap-
peller pas au spectacle cruel des deplai-
sirs d'Agamemnon. Ce Roy n'en avoit
pas davantage luy-mesme, de ne se
souvenir pas que Calchas luy avoit parlé tant de fois de cette fille d'Helene,
de

de laquelle fans doute il ne luy avoit pas caché le nom. On répondra que c'eſtoit un myſtere ; ie l'avouë, & des plus impenetrables. Mais ie ne blaſme point Calchas en qualité de devin; Ie ne parle point des choſes qu'il pouvoit ſçavoir par inſpiration ; Ie ne touche qu'à la connoiſſance particuliere qu'il avoit de la naiſſance & du nom de cette fille d'Helene , dont il avoit entretenu mille fois Agamemnon, & dont il avoit parlé ſi publiquement que Clytemneſtre, qui le reproche à Agamemnon, ne l'ignoroit pas , & que pluſieurs autres Grecs pouvoient le ſçavoir. Mais d'où vient que Calchas eſt le ſeul entre les Grecs qui connoiſt Eriphile ? C'eſt qu'il devoit dénoüer la piece.

Enfin comment ſe peut-il faire que pendant le ſeiour d'Eriphile à Argos auprés de Clytemneſtre , pendant leur voyage en Aulide , pendant tout le cours de la piece, Clytemneſtre , Iphigenie & tous les Grecs n'ayent pas eu le moindre ſoupçon qu'Eriphile eſtoit cette fille d'Helene eſlevée en ſecret ? Ils avoient devant leurs yeux une ieune Princeſſe qui ignoroit ſa

naiſſance & qui eſtoit de l'aage de
cette fille d'Helene. On la croioit d'un
ſang illuſtre, parce qu'elle le croioit
elle-meſme; & perſonne n'approfon-
diſſoit la choſe, perſonne n'y faiſoit
reflexion. Il faut ſuppoſer trop de choſes pour eſtre perſuadé que tout ce que
Monſieur Racine dit de cette Princeſſe,
ſoit vray-ſemblable.

Cette fille d'Helene avoit l'eſprit
eſtrangement fait! Achille l'avoit ré-
duite à l'eſclavage, elle en eſtoit eſper-
dûment amoureuſe. Iphigenie avoit
adouci ſa captivité, & luy avoit fait
des graces & des honneſtetez ſans
nombre; Elle en deſiroit, elle en avan-
çoit la mort. Ces inclinations baſſes
devoient la deſabuſer de l'opinion
qu'elle avoit de la grandeur de ſa naiſſance. Elle devoit avoir plus de ſoin
de ſa gloire, & n'aymer pas iuſqu'à
l'excés Achille, qu'elle devoit haïr
mortellement. C'eſt l'action d'une ame
noire de payer de la derniere ingratitude des bienfaits côme ceux qu'elle avoit
receus de la famille d'Agamemnon.

Encore qu'Euripide ait ſervi de modele à Monſieur Racine, il ne la pas

imité en tout. Vous jugerez, Monsieur, par quelques remarques que ie vous ferai, si Monsieur Racine à mieux fait de s'en écarter, qu'il n'auroit fait de le suivre.

Euripide feint qu'Agamemnon n'avoit point mandé Clytemnestre sa femme, mais seulement sa fille. Cela est marqué precisement par le billet qu'Agamemnon écrit à Clytemnestre, qui porte qu'elle n'envoie point Iphigenie dans l'Aulide ; & en plusieurs autres endroits de la piece : mais sur tout par l'embaras où se trouve Agamemnon quand il apprend l'arrivée de Clytemnestre ; qui est, dit-il, venuë sans son ordre. Monsieur Racine fait le contraire. Agamemnon fait venir sa femme & sa fille ; ces vers qu'il dit à Arcas en font foi.

*Prens cette Lettre ; cours au devant* **Act 1.**
    *de la Reyne,*                **Sc. 1.**
*Et suis sans t'arrester le chemin de*
    *Micene.*

Et plus bas dans la mesme Scene ;

*Pour renvoier la fille & la mere
offensée,
Il leur écris qu'Achille a changé de
pensée.*

Agamemnon n'auroit-il pas eu assez
d'affaires à se débarasser de sa tendresse
& de la pitié, que la ieunesse, le merite
& les pleurs de sa fille luy pouvoient
donner, sans s'attirer sa femme sur les
bras, & s'exposer à ses reproches & à
ses cris. Il falloit la laisser venir de son
chef, comme fait Euripide. L'embaras
où elle auroit mis Agamemnon, auroit
esté plus naturel estant impreveu. Mais
ce n'est pas là ce que ie pretens vous
faire remarquer. Ie sçais que le caractere
re de Clytemnestre doit estre fort agrea-
ble par toutes les plaintes que peut faire une mere qui pense marier sa fille,
& qui la voit sacrifier. Mais ie m'estonne qu'Agamemnon qui avoit fait venir
cette Reyne pour le mariage de leur
fille, luy deffende d'y assister avec des
termes pleins d'une hauteur trop grande, & contre le respect qu'on doit au
sexe. Ie suis surpris qu'il l'a traitte de

femme qui ne se rend point à la raison, lors qu'elle ne veut que ce qu'il a
ordonné.

> *Mais puisque la raison ne peut*      A. 3.
> *vous émouvoir,*                       Scen.1.
> *Puis qu'enfin m'a priere a si peu de*
> *pouvoir ;*
> *Vous avez entendu ce que ie vous*
> *demande :*
> *Madame, ie le veux, & ie vous*
> *le commande ,*
> *Obeissez.*

Voila des termes d'un maistre bien
absolu, & Clytemnestre y obeit de si
bonne grace, que ie n'ose presque esperer qu'elle ait la force de s'opposer au
sacrifice de sa fille. Dans Euripide Agamemnon a beaucoup plus de raison de
deffendre à la Reyne de conduire Iphigenie à l'Autel, parce qu'elle est venüe
sans son ordre. Cependant Clytem
nestre soustient son caractere, & ne se
rend point à ses commandemens.
Agamemnon confie à Arcas un billet
pour Clytemnestre. Arcas va au-
devant d'elle par un autre chemin que

celuy qu'elle a pris ; & ne l'ayant pas
rencontrée, elle arrive au Camp. Euripide se sert d'un moyen plus naturel
pour rendre inutile le billet d'Agamemnon. Menelas qui se defioit de la tendresse de son frere & qui avoit beaucoup d'impatience de voir arriver
Iphigenie, rencontre l'Esclave qui alloit à Micene. Il l'arreste, & luy arra-
che le billet d'Agamemnon, qui estant
accouru aux cris de ce vieillard, s'emporte contre Menelas, lequel de son
costé luy répond avec beaucoup de
hauteur. Pendant ce temps on vient leur
annoncer l'arrivée de Clytemnestre
& d'Iphigenie.

Dans la Tragedie de Monsieur Racine, Arcas fait deux actions d'estourdy;
Et cependant ce mal-habile homme est
le confident d'Agamemnon, qui l'ho-
nore du nom de son amy dés l'ouverture de la piece.

*Et iugez s'il est temps, amy, que*
*ie respire.*

La premiere faute d'Arcas est, qu'ayant
pris un autre chemin que celui par le-

quel la Reine arrivoit, il revient au Camp
sur ses pas, & sans attendre de nouveaux
ordres d'Agamemnon qui avoit déja
veu Clytemnestre, il va luy rendre le
billet dont il avoit esté chargé pour
elle. Ces vers iustifient ce que j'avance.
Clytemnestre dit dans la quatriesme
Scene du second acte parlant à Iphigenie.

*Ie ne m'estonne plus qu'interdit &*
   *distrait,*
*Vostre pere ait paru nons revoir à*
   *regret.*
*Aux affronts d'un refus craignant*
   *de vous commettre,*
*Il m'avoit par Arcas envoyé cette*
   *Lettre.*
*Arcas s'est veu trompé par nostre*
   *égarement,*
*Et vient de me la rendre en ce mes-*
   *me moment.*

Arcas rend ce billet sans examiner
si Agamemnon a pris d'autres mesures,
ou non. Voila iustement la maniere
d'un petit laquais qui serviroit depuis
deux iours. Cependant Monsieur Ra-

cine avoit un tres-grand interest qu'Arcas fist cette faute. Il auroit eu de la
peine à remplir le second acte de sa
piece sans cette heureuse impertinence.
Clytemnestre en prend le dessein de retourner à Micene avec sa fille qu'elle
croit qu'Achille méprise. Elle entre
dans des sentimens de jalousie contre
Eriphile, qu'Iphigenie querelle aussi-
tost d'un fort plein d'emportement.
Achille est rebuté avec une brusquerie
tres-verte, & ils demeurent tous dans
une émotion tres-grande. Mais quoy?
il n'estoit pas necessaire de faire faire
un pas de Clerc si grossier au confident
& à l'amy d'un grand Roy. Vn petit
mot d'Agamemnon à Clytemnestre auroit fait le mesme effet que son billet
rendu de cette sorte, & auroit esté plus
naturel.

La seconde faute d'Arcas est de dé-
couvrir à la Reyne & à Achille le
dessein d'Agamemnon. Arcas estoit
envoyé par son Roy pour amener
Iphigenie à l'Autel. Il sçavoit que
c'estoit pour la sacrifier ; Mais la fidelité qu'il devoit à son Prince luy devoit fermer la bouche. C'est une tra-
hison

hiſon digne du dernier ſupplice, & qu'on ne peut aſſez condamner dans unhomme qu'Agamemnon honoroit du nom de ſon ami. Monſieur Racine profite encore de ſon indiſcretion. Clytemneſtre, Achille & Iphigenie changent de ſentimens à cette nouvelle, & ils prennent des meſures pour en empeſcher l'execution. Il eſtoit du devoir du Poëte de les deſabuſer ; mais il falloit y venir par des moyens moins groſſiers. Il falloit feindre qu'Achille ou Clytemneſtre euſſent receu quelques avis, & faire eſclater le ſecret par quelqu'autre voye que par une laſcheté du confident d'Agamemnon, qui vient dire en enfant, le Roy demande la Princeſſe : mais ne l'envoyez pas; il veut la ſacrifier. Il n'y a point de l'art du Poëte ; mais ſeulement de l'imprudence groſſiere de celuy qu'il fait parler. Monſieur Racine dira qu'Euripide s'eſt ſervi du meſme moyen. Il y a bien de la difference. Dans la piece de Monſieur Racine, celuy qui trahit le ſecret du Roy eſt un homme de qualité, ſon confident, & que ſa naiſſance & ſa fortune

doivent rendre plus discret. Dans celle d'Euripide, c'est un vieil esclave
nourry dans la maison du pere de
Clytemnestre, qui prend l'occasion
luy declarer le dessein d'Agamemnon
au moment qu'il la voit avec Achille
dont le secours peut sauver Iphigenie.
Monsieur Racine fait dire par Agamemnon à Arcas;

> *La Reyne qui dans Sparte avoit*
> *connu ta foy,*
> *Ta placé dans le rang que tu tiens*
> *pres de moy.*

Arcas estoit obligé de sa fortune à
Clytemnestre; mais il l'estoit davantage à garder fidelité à son Roy, sur
tout apres une deffense aussi expresse,
que celle qu'Agamemnon luy fait en
ces termes;

*Act. 1.*
*Sce. 1.*

> *Mais sur tout ne vas point par un*
> *zele indiscret*
> *Découvrir à ses yeux mon funeste*
> *secret.*
> *D'une mere en fureur espargne-moy*
> *les cris.*

Ie ne sçay si la faute que Monsieur Racine fait contre les regles du Theatre à l'ouverture du quatriéme Acte merite une remarque ; parce que ie croy qu'il n'y a personne qui ne s'en soit apperceu.

La premiere Scene de cet acte n'a aucune liaison avec la deuxiéme, ainsi on pourroit la supprimer sans rien oster de l'action.

Ie vais traiter, Monsieur, une matiere fort delicate, & qui mettra bien du monde contre moy. I'entreprens de condamner l'amour d'Achille & d'Iphigenie. Voila une estrange proposition dans un siecle, où les Poëtes se sont mis en possession de faire regner cette passion sur le Theatre, qui ne peut plus souffrir de Heros s'ils ne sont pleins de tendresse. L'exemple d'Euripide qui n'a point fait Achille amoureux & qui n'a point aussi engagé le cœur d'Iphigenie, ne sera pas consideré dans un temps auquel cette passion est plus à la mode que iamais. Monsieur Racine sera loüé sans doute de s'estre escarté de la voye de cet ancien Autheur. Tout le monde condamnera Euripide pour avoir fait une piece fans amour. Mon deſſein eſt d'examiner ſi cet amour d'Achille & d'Iphigenie aide à l'action, ou s'il en deſtruit la vray-ſemblance. Si Achille garde mieux le caractere de Heros eſtant amoureux que ne l'eſtant pas ; & ſi Iphigenie peut vray-ſemblablement ſe diſpoſer à la mort , tandis qu'elle a dans le cœur une forte paſſion pour Achille. Dans Euripide Achille veut empeſ-cher le ſacrifice d'Iphigenie par un pur effet de generoſité. Il accorde ſon ſecours aux larmes de Clytemneſtre & de cette jeune Princeſſe. La pitié qu'il a de leur infortune & le reſſen-timent de l'injure que luy a fait Aga-memnon en ſe ſervant de ſon nom, le font agir. Il eſt abandonné de ſes propres ſoldats ; toutefois il revient ſeul pour deffendre cette Princeſſe. Cela me paroiſt plus d'un Heros que l'Achille de Monſieur Racine, qui veut ſauver Iphigenie parce qu'il l'aime & qu'il en eſt aimé. Il n'y a point d'homme de quelque abjecte naiſſance qu'il puiſſe eſtre , qui n'en

vouluſt

voulust faire autant pour fa Maiſtreſſe.
Il n'y à rien de ſi commun.

Pour juger des ſentimens qu'Iphigenie doit avoir, il faut examiner en
quelle diſpoſition eſt ſon cœur lors
qu'elle apprend qu'elle doit eſtre ſacri-
fiée. C'eſt la fille d'un grand Roy
aimée du plus vaillant des Grecs qu'elle vient eſpouſer, & elle eſt poſ-
ſedée d'un tres violent amour dont
elle fait une peinture fort parlante en
ces termes.

*Pour moy depuis deux iours qu'a-*
*prochant de ces lieux*
*Leur aſpect ſouhaité ſe découvre*
*à mes yeux,*
*Ie l'attendois par tout ; & d'un*
*regard timide*
*Sans ceſſe parcourant les chemins de*
*l'Aulide,*
*Mon cœur pour le chercher voloit*
*loin devant moy;*
*Et ie demande Achille à tout ce*
*que ie voi.*

Cela eſt d'une perſonne qui connoiſt bien ce qu'elle ſent. La jalouſie

qu'elle fait esclater contre Eriphile marque encore mieux l'excez de sa passion. Cependant cette Iphigenie prevenuë de tant d'amour se dispose en un moment à estre égorgée pour satisfaire aux volontez de son pere & au commamdement de l'Oracle. Voila une soûmission qui me surprend, & qui n'est gueres vray-semblable.

Quoy une Princesse renonce en un moment à tous les charmes de la vie & à un jeune Roy qu'elle aime avec une ardeur tres-forte, pour presenter sa gorge au cousteau d'un Sacrificateur, parce que son pere l'a resolu ? Monsieur Racine me pardonnera si ie dis que c'est outrer les passions, & qu'un cœur qui tient à la vie par tant de chaisnes ne s'en débarrasse pas si promptement. L'amour est la plus violente de toutes les passions & elle s'attache si fortement à son objet, que l'on en a quelquefois pour toute sa vie. Comme l'on establit le dernier bien dans la possession de ce que l'on aime, la vie sans laquelle on ne peut l'esperer, devient tres-chere ; & rien ne fait tant d'horreur que la mort qui nous en separe. On veut mourir quand on desespere de l'obtenir ; mais tandis que l'on est aimé est il rien plus doux que de vivre ? Quelle passion surmontera l'amour qui donne le bransle à toutes les autres ? La soûmission, le respect pour un pere ? Ce n'est qu'un effet de la raison, & l'amour n'en escoute point.

Monsieur Racine ne s'est pas contenté de faire resoudre à la mort une Princesse qui est aimée & qui aime. Il luy fait prendre son parti en un moment. Euripide a mieux suivi l'ordre naturel. Lors qu'iphigenie apprend qu'elle doit estre sacrifiée, elle donne à l'amour de la vie tout ce que les premiers mouvemens nous arrachent ; Et apres avoir employé inutilement ses larmes & ses prieres aupres de son pere, elle prend ses resolutions & cherche à se consoler dans l'esperance de la gloire qui suivra sa mort. Chez Monsieur Racine elle est preste de mourir d'abord, parce que son pere le veut.

Voicy dans la derniere Scene de cette Tragedie une nouvelle maniere de victime plus extraordinaire qu'Iphi-

genie. Cette Princesse obeissoit à ses
parens ; L'Oracle & Agamemnon vou-
loient sa mort ; elle donnoit sa teste
en fille bien morigenée & entierement soûmise aux volontez de son
pere. Mais Eriphile va bien plus loin.
Elle s'avouë fille de parens qu'elle n'a
jamais connu, sur la bonne foy de Calchas qui va luy oster la vie. Elle
prend la place de sa Rivale qu'on alloit
sacrifier. Elle n'a pas le moindre doute
de ce que Calchas luy dit. Elle n'évite
point le coup. Elle n'attend point que
le Sacrificateur la saisisse. Elle se frape
elle-mesme ; Et tout cela s'execute en
un instant. Voila Monsieur , une
Catastrophe la plus surprenante du
monde. Tandis que Monsieur Racine
fera de semblables dénouëmens, il sera
tres-asseuré qu'on ne pourra les pre-
voir & que les spectateurs en seront
tousiours surpris. Ie ne m'estendray pas
davantage sur la Catastrophe de cette
piece de laquelle suivât ce que vous me
mandez  on n'a que trop parlé ; Et
je vous feray remarquer seulement que
Calchas avoit appris la langue depuis
qu'il avoit prononcé le premier Oracle.

Au lieu de dire ; *Vne fille du sang d'Helene* ; il dit en termes fort propres ;
*Vn autre sang d'Helene* ; ce qui con-
vient tres-bien à Eriphile. Enfin Monsieur, Eriphile estoit d'aussi bonne foy
que les gens qui la voyoient mourir ; &
elle n'avoit aucun soupçon que ce
changement de victime fust une adresse
de Calchas pour sauver la fille d'Agamemnon & l'amante d'Achille.

## F I N.

# REMARQVES
## *sur l'Iphigenie de Monsieur Coras.*

# MONSIEVR,

IL y a beaucoup à gagner avec vous puisque pour un exemplaire d'Iphigenie que ie vous ay envoyé, vous m'avez rendu des remarques dont i'ay bien fait mon profit. Ce n'est pas à moy à vous dire ce qu'elles valent ; Le public à qui ie les destine, en iugera mieux que ie ne pourrois faire , & ie croy que vous ne me sçaurez pas mauvais gré de luy faire part d'un ouvrage dont vous m'avez fait le maistre en me l'adressant. Mais pensez-vous Monsieur, en estre quitte pour vos Remarques sur l'Iphigenie de Monsieur Racine ? I'en attens de nouvelles sur celle de Monsieur Coras, qui

a paru depuis deux iours. Ie vous avouë
que ie vous suis obligé du plaisir que
i'ay pris à la representation de la derniere , parce que ie voiois en mesme
temps ce qui se passoit sur le Theatre,
ce que Monsieur Racine a fait dans la
sienne, & ce que vous y avez remarqué. Ie conferois ces deux Tragedies,
& ie m'aplaudissois de sçavoir quelque
chose de plus particulier sur cette matiere, que le reste des spectateurs. Ie
voudrois Monsieur , vous pouvoir
envoyer cette nouvelle piece ; Mais
comme on n'imprime ces sortes d'ouvrages que long-temps apres qu'ils ont
esté representez, il faut attendre qu elle
soit tombée dans les mains du Libraire.
Cependant pour vous faire voir que
je n'ay pas perdu tout mon temps &
que i'ay profité de vos Leçons ; je
vous marqueray ce que i'ay retenu du
sujet, & les differences que ie trouve
entre ces deux imitations du mesme
modele. Mais n'attendez point de moy
que j'aprofondisse la matiere, que ie
vous cite les anciens ny les modernes,
ou que ie vous envoye des dissertations.
Ie vous exposerai simplement le sujet

de la piece , & vous en ferez tel juge-
ment qu'il vous plaira.

L'Autheur de la nouvelle Iphigenie
a digeré ce sujet d'une maniere plus
simple que Monsieur Racine. Il est
chargé de moins d'incidents , & les
mesmes sentimens n'y sont point reba-
tus ny deguisez sous des expressions
differentes. L'élocution n'est pas pleine
de tant de graces que celle de Monsieur
Racine. La piece est moins travaillée
de ce costé-là , & quoy qu'il y ait des
brillans sur lesquels on se recrie ; ils
sont moins frequens que dans l'ouvrage de Monsieur Racine qui a espuisé
tout ce qui se peut dire sur la matiere
qu'il a traittée , & qui l'a dit avec la
derniere noblesse. Cette difference est
tres-sensible; & c'est Monsieur , la premiere remarque que i'ay faite dans
mon peu de connoissance de ces sortes
d'ouvrages.

A l'égard du sujet de la nouvelle
Iphigenie , il est manié d'une façon
assez opposée à celuy de Monsieur Racine. Agamemnon y rend raison de la
colere de Diane. L'Autheur n'a point
recours à cette biche tuée par ce Prince

ce , qui en fait le pretexte dans toute
l'antiquité. Il feint que Clytemneſtre
a conſacré Iphigenie à Diane dés ſa
plus tendre enfançe , & que depuis ce
temps elle a changé de penſée , ce
qui donne lieu à l'indignation de la
Deeſſe.

Le Theatre s'ouvre par Agamemnon
qui marque à ſon confident la douleur
qu'il reſſent d'eſtre obligé d'immoler
Iphigenie à Diane. Il luy recite tout
ce qui s'eſt paſſé lors que l'Oracle a eſté
prononcé par Calchas , & fait une
peinture pathetique de l'embaras que
cauſent les ordres des Dieux. Il
écrit une Lettre pour envoyer à Clytemneſtre , afin de l'obliger d'emmener
Iphigenie dans l'Aulide ; Mais enfin la
tendreſſe l'emporte ſur ſa reſolution &
ſur les promeſſes qu'il a faites aux
Grecs ; il dechire la Lettre ; ce qui met
le Spectateur en inquietude de ſçavoir
par quel moyen Iphigenie , qu'il croit
eſtre à Argos , pourra ſe trouver dans
l'Aulide le meſme iour. Vlyſſe qui a
ajouté ce que Dictis en écrit , & qui
s'eſt ſervy d'une Lettre ſuppoſée d'Agamemnon , tire agreablement le ſpecta-

K

teur de cette inquietude en racontant à Menelas l'artifice duquel il s'eſt ſervy pour conduire dans le Camp Clytemneſtre & ſa fille. Vn moment apres on voir paroiſtre ces Princeſſes, dont l'arrivée fait un tres-bel effet par la ſurpriſe qu'elle cauſe à Agamemnon qui ne les attendoit pas , & ſon embaras donne de la ſatisfaction.

La Cataſtrophe de cette piece eſt fort juſte. Le Poëte feint que Diane qui avoit eu beaucoup d'indignation de ce qu'on luy avoit oſté Iphigenie qui luy eſtoit conſacrée , enleve cette Princeſſe dans un nuage eſpais , qui deſcend iuſques ſur l'Autel preparé pour la ſacrifier. Le recit qui ſe fait des preparations de ce ſacrifice eſt fort touchant, & fait une des plus belles parties de cet ouvrage.

Achille fait un peu plus le Heros dans la nouvelle Iphigenie que dans celle de Monſieur Racine , dautant qu'il n'eſt pas ſi amoureux. Iphigenie a beaucoup de panchant pour Achille & ie croy que vous condamnerez leur paſſion dans cet ouvrage comme dans l'autre , par les raiſons que vous m'en avez écrites.

Iphigenie se resout à la mort avec plus de precipitation que chez Monsieur Racine ; & ie vous avouë que cela m'a paru outré. I'ay peine à souffrir que cette Princesse ne fasse aucune reflexion sur le prix de la vie, & qu'elle souscrive à l'Arrest de sa mort au moment qu'elle apprend qu'elle doit estre sacrifiée. Le Terrain vaut bien la peine d'estre disputé plus long-temps, & on le quitte de meilleure grace, quand on en connoist la valeur.

Voila en gros ce qui m'est demeuré dans l'esprit à la representation de cette Tragedie. Vous m'en direz davantage quand ie vous l'auray envoyée ; mais i'espere Monsieur, que vous demeurerez d'accord que s'il y a plus d'esprit dans l'Iphigenie de Monsieur Racine, il y a plus de conduite dans l'autre.

# FIN.

www.ingramcontent.com/pod-product-compliance
Lightning Source LLC
LaVergne TN
LVHW021809170726
843503LV00007B/3122